AF403847

LE
TRÉSOR NACIONAL

ô

NOVEL ALFABET DE LA LVGE FRVCEISE,

PÔR PROCÉDER

A la qoctitucio de l'armonie poétiqe,
A la fixité de la pronociacio prosodiqe et *relative*,
A la qonaicece du jer, de l'analojie,

ET A LA RÉFORME DE L'ORTOGRAFE.

Présenté à l'Académie française comme invitation à mettre au Concours la question de la *Réforme orthographique*, et comme titre à un des prix qu'elle décerne pour les livres d'utilité générale,

PAR M. CAMILLE PINTE,

De la Société des Gens de lettres, inventeur de la *Mnémographie*, et auteur du *Complément obligé de toutes les Grammaires.*

Toute science commence par la complication pour arriver à la simplicité.

———

Prix : 50 centimes.

———

PARIS,

GARNIER FRÈRES, LIBRAIRES,

AU PALAIS-ROYAL.

1855

Les exemplaires non revêtus de la griffe de l'auteur
seront réputés contrefaits.

Paris. — Typ. de Firmin Didot frères, rue Jacob, 56.

INTRODUCTION.

Avant de se prononcer sur le travail que nous livrons au public, les personnes qui ont fait des études philosophiques rechercheront si les principes sur lesquels nous appuyons notre réforme sont fondés ; mais la multitude, à l'exception des hommes de bon sens qu'elle comporte, le jugera et condamnera sans retour, à la seule vue du titre, par la *raison* qu'il n'est pas en harmonie avec les idées reçues.

Si l'on disait à cette multitude qu'avant de formuler une opinion il faut examiner une question sous toutes ses faces, et que ce qui diffère des idées reçues peut être aussi bien une amélioration qu'une inconséquence, ne serait-ce pas là l'expression d'une vérité? Et si la raison pouvait prévaloir sur les préjugés de la tourbe (nous entendons par ce mot bien moins les ignorants que les critiques ignorants), nous lui recommanderions de faire pour notre orthographe ce que l'on fait à l'égard d'une langue étrangère que l'on veut apprendre, en accepter l'alphabet, c'est-à-dire la convention de ses signes graphiques; mais parler à la critique ignorante, c'est parler à un âne-mulet.

À ceux qui, moins téméraires et aussi légers d'esprit, remplacent le *doute cartésien* par l'opinion de leur *infaillibilité*, à ceux-là qui décident de la valeur d'un livre d'après la lecture des premières pages et jugent du tout par la partie, nous souhaitons un peu moins de présomption et un peu plus de persévérance et de logique.

Ce que nous adressons à la multitude et aux moins

grossiers de la multitude n'est pas indigne de l'attention des érudits, qu'il ne faut point confondre avec les savants. Le savant est celui qui possède la connaissance des choses vraies, déduites de l'investigation philosophique ; l'érudit, celui qui connaît beaucoup de choses acceptées sans contrôle : que personne ne s'offusque de cette définition.

Somme toute, nous demandons à la critique vingt-sept jours de sérieux examen dans une question qui nous a coûté vingt-sept ans de méditation ; et comme notre œuvre est toute philosophique, nous ne pouvons accepter que la discussion philosophique, et, de plus, imprimée.

Cette brochure, toute remplie de faits et de déductions, ne contient que le résumé d'une question dont nous publierons bientôt tous les développements.

Octobre 1855.

LE

TRÉSOR NATIONAL.

PRINCIPES GÉNÉRAUX DE NOTRE RÉFORME ORTHOGRAPHIQUE.

Épuration philosophique des éléments de la langue,
Distinction établie entre la langue et la linguistique :
les étymologies, archives de la langue et éléments de la
linguistique, sont déposées dans un dictionnaire spécial (1) ;

(1) Ce dictionnaire fera savoir que *qonaître* vient de *cognoscere*, et qu'il a été écrit d'abord *cognoistre*, ensuite *connaître*, et aujourd'hui *qonaître*.

De là :

— Suppression complète des signes étymologiques;

— L'usage subordonné à la raison, à la vérité;

— L'oculaire réduit à sa juste valeur par la subordination de l'œil, organe du sens de la vue, au cerveau, siége de l'esprit et de la pensée;

Conservation et généralisation des signes analogiques; *étymologie respectable*, qui nous sert de guide dans la recherche du sens primitif des mots;

Soumission à l'orthographe relative;

— Quoiqu'elle soit une superfétation dans une langue où l'on emploie des articles, des équivalents de l'article et des pronoms personnels nominatifs : témoin la langue anglaise, qui s'est abstenue de ce double emploi;

Mise en harmonie, hormis l'analogie et la relativité, du signe avec le son;

Indication prosodique substituée à l'indication étymologique;

Vraie prononciation du français, obtenue par l'abstention des liaisons antieuphoniques et illogiques;

Véritable harmonie poétique déduite de la vraie prononciation, et produisant l'*aparté* des mots dans le discours, comme dans la langue latine;

Connaissance du genre rendue possible et facile par la suppression de l'*e* muet à la fin des substantifs masculins;

Substitution d'une simple lettre, partout où plusieurs équivalent à une seule;

Enfin, perfectionnement et infaillibilité de l'alphabet, — duquel va découler une orthographe perfectionnée et infaillible.

Des hommes éminents, parmi lesquels on peut citer des membres de l'Académie française, ont depuis longtemps signalé les imperfections de notre orthographe. Depuis Ramus jusqu'à notre époque, de nombreuses réformes ont été entreprises pour sortir d'un labyrinthe où le seul fil d'Ariane est une prodigieuse mémoire; mais ces tentatives sont toutes restées stériles : elles ont été rejetées par la raison que les principes qu'elles émettaient n'étaient point acceptables ; dans celle-ci ils n'étaient point assez généraux, dans celle-là ils étaient absolus.

Il faut dire aussi, pour rendre justice au public, qu'aucun de ces prétendus réformateurs ne s'est élevé à la hauteur du point culminant d'où la pensée embrasse cette vaste question, qui, de simple qu'ils l'ont crue, est des plus complexes. En effet, comment entreprendre la réforme de l'orthographe, que l'on dit vouloir mettre d'accord avec la prononciation, sans s'être préalablement fixé d'une manière définitive, non-seulement sur la prosodie, mais de plus sur la prononciation *relative* et sur l'harmonie poétique ?

« Ce principe unique, » disait, il y a vingt-sept ans, M. Marle aîné, « inattaquable, clair pour tout le monde : *autant de signes dans l'alphabet que de sons dans la langue, et application constante du même signe au même son*, voilà toute la réforme et le seul moyen de ramener l'écriture à sa destination. » Nous ne contestons pas la vérité de ce principe, bon pour constituer matériellement un alphabet ; mais l'application absolue de l'alphabet le plus parfait à l'orthographe de notre langue ne laisserait plus rien à l'esprit, à l'investigation philosophique ; ce ne serait pas une réforme, mais une révolution.

Notre langue écrite est aujourd'hui à une distance immense de notre langue parlée. La langue française a *vingt* sons et *vingt* articulations ; pour représenter ce petit nombre de sons et d'articulations on fait usage de *cinq cent quarante signes*. Hormis le signe distinctif de l'analogie, à quoi bon cette superfétation ?

Depuis vingt-sept ans que M. Marle a fait son *Appel aux Français*, nous nous sommes occupé de la réforme orthographique. En 1837, nous publiâmes une brochure intitulée : *De l'ortografe par la prononciacion, Alfabet de la lange française*, etc. ; mais ce titre était impropre, car nous ne traitions que des articulations seulement. C'était la moitié de l'œuvre de M. Marle que nous voulions faire accepter, et nous avions adopté son principe absolu de *l'orthographe par la prononciation*. Nous avons depuis profondément médité les objections que l'on a faites à l'adoption de son système, et nous croyons avoir fait droit aujourd'hui à celles qui ont une valeur réelle.

Voici ce que, dans son opposition, disait le journal la *Quotidienne :* « Il n'y a point d'orthographe sans l'observation des racines et des étymologies; ou bien l'orthographe devient indépendante de la connaissance des langues, ce qui est commode, mais ce qui est barbare. » Mais la *Quotidienne* n'est-elle pas elle-même ici dans une grave erreur?

Il ne faut point confondre ce qu'on appelle la *langue* avec la *linguistique*. La langue ou idiome national a *uniquement* pour objet *la transmission des idées par la voix et par la main,* rien de plus; la linguistique est l'étude des principes des langues et des rapports qui existent entre elles.

Une langue est une spécialité, un moyen d'entendement national; la linguistique est une généralité, une étude particulière et confuse dont s'occupent seulement quelques érudits. C'est à cette dernière seule qu'il convient de se placer sur le terrain des étymologies universelles et de n'en pas bouger. Permis à elle d'avoir une orthographe dépendante de la connaissance des langues, d'écrire d'une manière hiéroglyphique : orthographe, diphthongue, phosphore, etc., comme à notre langue d'avoir une orthographe dépendante de la connaissance de la philosophie, et d'écrire d'une manière nationale : ortografe, diftonge, fosfor, etc. Chacune dans son domaine, chacune dans sa sphère d'attributions; et le conflit va cesser!. Qu'est-ce que l'étymologie, qui n'indique que la généalogie des mots, a à faire dans la succession des faits du langage, dans la Grammaire, dont le *seul* et *unique* objet est de faire parler et écrire correctement?

Une réflexion que l'on aurait pu adresser à la *Quotidienne*, et qui, pour être bien simple, n'en est pas moins concluante : Vous dites que l'orthographe qui devient indépendante de la connaissance des langues est commode, mais *barbare*, et qu'*il n'y a point d'orthographe* sans l'observation des étymologies? Ayez donc la bonté, grand prêtre des étymologies, de nous signaler des lettres étymologiques dans le grec et le latin, et de nous démontrer la *barbarie* de ces deux langues ? Ajoutons que si l'étymologie était une des parties constitutives de la langue, ce serait une énorme lacune que les grammaires n'en parlassent pas, que les vocabulaires ne la continssent point, et que le dictionnaire de l'Académie la laissât à l'état de vagabondage.

On pourra juger de la valeur de l'érudition étymologique par les faits suivants :

« Nous avons 3,000 mots dont l'étymologie est tout à fait inconnue;

« 1,500 dont l'étymologie est douteuse ;

« 10,000 qui se sont dépouillés de leurs lettres étymologiques;

« 500 dont l'orthographe est contraire à l'étymologie;

« Voilà donc 15,000 mots sur lesquels votre féodal principe n'a aucune puissance, et, comme rien ne les distingue de ceux qu'il tient encore en tutelle, on est sans cesse exposé à refuser des lettres étymologiques aux mots qui en demandent, et à en accorder à ceux qui ne doivent pas en avoir. » MARLE.

L'étymologie, cependant, a été jusqu'ici, par un malentendu déplorable, le grand cheval de bataille des opposants à la réforme orthographique.

« Il est une étymologie respectable, *celle qui nous sert de guide dans la recherche du sens primitif des mots*, et qui, sur la route des définitions, nous fait quelquefois trouver des connaissances précieuses en histoire et en philosophie. Toutefois gardons-nous d'abuser de cette science, qui ne doit exercer aucun empire sur l'écriture de 20,000,000 d'hommes qui ignorent les langues anciennes. Sa véritable place est dans un *dictionnaire spécial*, dépôt conservateur de la *généalogie* de tous nos mots. Le savant saura bien la trouver dans ce dépôt, lorsqu'il voudra écrire l'histoire de la langue.

« Mais il est une étymologie inutile, dangereuse, déformatrice de l'esprit, c'est celle qui, nous faisant écrire dans notre langue des mots qu'on écrivait *il y a vingt siècles* dans une autre, met en perpétuelle contradiction deux choses faites essentiellement pour être d'accord, *le caractère et le son, le signe et la chose signifiée*. » DOMERGUE.

Nous adoptons ces préceptes, et nous respecterons ce qui nous paraît réellement respectable, *l'étymologie qui nous sert de guide dans la recherche du sens primitif des mots.*

L'usage aussi a été le despote routinier invoqué comme *autorité* pour perpétuer les erreurs.

« Il y a deux principes absolus dans l'orthographe, » disait encore la *Quotidienne,* « l'étymologie et *l'usage,* et il ne faut pas que M. Marle frémisse d'une telle autorité. Elle est inévitable toutes les fois qu'il s'agit de grammaire : ce qu'on appelle usage n'est pas l'usage des gens ineptes, *l'usage est l'habitude des gens sensés,* et il n'y a rien de dégradant pour l'esprit de se soumettre à une telle loi. »

Nous ne reproduirons point ici les réponses pleines de sens faites par M. Marle aux objections de la *Quotidienne* concernant tous les vieux *us* et *coutumes* que nous a imposés l'usage, qui, loin d'être une *autorité*, n'est qu'une *inconséquence ;* nous dirons seulement que pour nous, quand des erreurs nous sont philosophiquement démontrées, nous laissons aux hommes vulgaires leurs erreurs et leur usage, et nous passons outre. Devant qui nie le progrès, il n'y a qu'à marcher.

Nous reprenons dans le factum de la *Quotidienne* la proposition la plus favorable à *l'usage : « L'usage est l'habitude des gens sensés ; »* mais sont-ils sensés, nous vous le demandons, ces gens qui n'invoquent que *l'ancienneté des choses établies* comme loi immuable ?

L'usage, qui doit être le résultat de la réflexion et de la méditation subordonné à la raison, n'est ici qu'une *habitude.* Les anciens avaient *l'habitude* de n'admettre que *quatre* éléments, et la *réforme* reconnaît aujourd'hui *cinquante-six* corps simples. Nos pères avaient le *coche* pour habitude, aujourd'hui nous avons le *bateau à vapeur ;* ils avaient des *diligences,* nous avons des *chemins de fer ;* enfin ils avaient un *vieux Paris* fangeux et grossier, nous avons un *nouveau Paris* propre et poli. Nous voulons bien admettre que *l'usage est l'habitude des gens sensés ;* mais les gens deviennent sensés progressivement, de siècle en siècle, et, par l'effet de cette progression, l'habitude se trouve distancée : la preuve, c'est que 10,000 mots ont été dépouillés de leurs lettres étymologiques, que des mots de notre langue ont cessé d'avoir cours, et que la néologie a aussi *son vocabulaire*. Si l'orthographe est restée un tatouage *barbare*, c'est que l'Académie française ne s'est point donné pour mission l'épuration des éléments de notre langue (elle ne s'y est jamais montrée hostile); mais qu'elle s'est passivement bornée à recueillir les mots qui sont entrés dans l'usage, et à constater cet usage le plus logiquement qu'il lui a été possible par la sanction de son autorité.

Nous allons démontrer quelques-unes des fatales erreurs qui ont présidé à la formation de notre langue, et à la consécration de cet antique usage, si vénéré, mais que nous ne trouvons point digne de nos salamalecs.

Les conséquences sont des déductions de principes; si les principes sont faux, les conséquences, quoique logiquement déduites, seront naturellement fausses.

Les lettres de l'alphabet sont les éléments ou *corps simples* représentant les sons et les articulations dont se compose la parole; un tout ne saurait être parfait quand les parties qui le constituent sont imparfaites.

« Les peuples qui voulurent profiter de la découverte de l'alphabet en saisirent mal l'esprit : ils adaptèrent *grossièrement* à leur langue respective l'alphabet que l'inventeur avait créé pour la sienne, et il en résulta des écritures qui n'étaient pas toujours l'image fidèle de la parole. Les Grecs, *mieux inspirés*, firent concorder cet alphabet avec les sons de leur langue. Les Romains, vainqueurs des Grecs, ne furent à cet égard que leurs imitateurs. Les Européens modernes, vainqueurs des Romains, *arrivés bruts sur la scène*, trouvant l'alphabet tout organisé, l'ont endossé comme une dépouille du vainqueur, sans examiner s'il allait à leur taille : aussi notre alphabet et celui des Anglais sont-ils de *véritables caricatures*.

« Les alphabets de toutes les langues de l'Europe *sont à refaire*, particulièrement ceux des langues anglaise et française, dont *l'incohérence* et la *barbarie* sont dignes des siècles qui les ont vus naître. » Volney.

Admettons une fois pour toutes que la parole est le *pre-*

mier *agent de la transmission de nos idées ;* que l'écriture, sa subordonnée, n'est que la *prononciation mentale exprimée par la main ;* et reconstituons philosophiquement un nouvel alphabet.

Nous voyons, par la citation qui précède, que « les Grecs, *mieux inspirés,* firent concorder l'alphabet avec les sons de leur langue, » et souvenons-nous que Voltaire, un des plus ardents promoteurs de la réforme orthographique, a dit : « Je tiens, en fait de langue, tous les peuples pour *barbares* en comparaison des Grecs et de leurs disciples les Romains, qui *seuls* ont connu la *vraie* prosodie. »

De l'alphabet passons à l'orthographe, dans laquelle nous retrouverons la même barbarie : les Francs ou Français *étant arrivés bruts sur la scène.*

S'il est dans notre orthographe un pléonasme absurde, babélique, c'est bien cette anomalie qu'on appelle l'*e* muet. «Si notre langue a quelque chose de singulier, et qui n'appartienne qu'à elle, c'est que ce son faible, sans lequel on ne peut prononcer une consonne isolée ou finale, nous le marquons souvent par la lettre *e*, qui perd alors sa valeur naturelle, et qui, pour ainsi dire, demeure muette ; au lieu que les autres langues, pour faire retentir leurs consonnes, se passent d'un pareil secours. Ainsi l'oculaire peut nous être particulier, mais l'auriculaire est le même pour tous. Quand on nous parlera du *luxe* ou d'un *Russe*, mots français, l'oreille les distinguera-t-elle de *lux* et de *rus*, mots latins ?

« Mais nous-mêmes, pour faire retentir nos consonnes isolées ou finales, nous ne les accompagnons pas toujours de notre *e* muet ; car nous écrivons *David* et *avide* ; un *bal* et une *balle*, un *aspic* et une *pique*, le *sommeil* et il *sommeille*, *mortel* et *mortelle*, *caduc* et *caduque* ; un *froc* et il *croque*, etc. Jamais un aveugle de naissance ne soupçonnerait qu'il y eût une orthographe différente pour ces dernières syllabes, dont la désinence est absolument la même.

« Mais, dira-t-on, pourquoi *David* et *avide*, *froc* et *croque* ne riment-ils pas ? Parce que nos poëtes, *jaloux de l'o-*

culaire, n'ont voulu (1) compter pour rimes féminines que celles où l'*e* muet serait écrit. » D'OLIVET.

Ce monstrueux *e* muet n'est pas seulement un embarras pour la versification, il est encore un écueil pour le chant ; car il fait, où il se trouve, défigurer la prononciation : gloir eu, barbari eu, etc. Si l'apophthegme *les grands effets dérivent d'une petite cause* est vrai, c'est bien à l'*e* muet qu'on peut en faire l'application ; c'est à lui qu'il faut attribuer en partie notre infériorité nationale, poétique et lyrique : les langues du Nord ayant adopté généralement, comme dans le latin, la sonorité de la consonne finale, et presque tous les mots de la langue italienne finissant par une voyelle.

Un autre embarras, une véritable superfétation chez nous, c'est bien l'orthographe relative.

Nous concevons que l'orthographe relative soit une *conséquence* de la langue latine, où tout se décline, depuis le nominatif jusqu'à l'ablatif, où tout se conjugue dans tous les temps, depuis la première personne du singulier jusqu'à la troisième du pluriel, où les trois genres ont une désinence particulière et sonore qu'il faut harmonier, appareiller pour l'oreille ; mais dans une langue qui emploie des articles et des équivalents, des pronoms personnels nominatifs, nous n'en voyons nullement la nécessité.

Commençons par poser ce principe pour ceux qui se prononceraient trop ardemment en faveur de l'orthographe relative, qu'*elle n'est point* une indispensabilité pour l'entendement de l'esprit humain, et donnons-en pour preuve la langue anglaise.

Dans l'anglais, l'adjectif et le participe (ce dernier, source chez nous de tant de difficultés) sont invariables, et le verbe ne se conjugue que dans les temps et non dans les

(1) Pure convention ; car, selon l'oreille, il y aura quatorze syllabes dans

> N'est point le fruit tar*dif* d'une lente vieillesse,

puisque la finale *dif* n'est pas moins sonore que celle de *griffe,* dissyllabe. Mais la convention étant si ancienne, il n'est plus temps de réclamer. *(Note de l'abbé d'Olivet.)*

Pour nous, nous n'acceptons pas la résignation de M. d'Olivet, par la raison qu'il n'est jamais trop tard de bien faire.

personnes. La seconde personne du singulier n'est point une objection à ce que nous avançons ici d'une manière presque générale, attendu qu'elle est d'un usage spécial et fort restreint. Si les substantifs y prennent la marque du pluriel, c'est par oubli du principe de l'*invariabilité*, et les Anglais doivent déplorer cette inadvertance; car si, chez eux, l'article au pluriel se distinguait à l'oreille de l'article au singulier; s'il n'était pas le même pour les deux nombres, *the*, ils pourraient écrire la *table* et les *table*, sans craindre plus de confusion pour le nombre qu'ils n'en éprouvent à l'égard du genre.

Abordons-nous la prononciation, les conséquences des faux principes sont encore plus patentes! Si la première qualité de l'idée est qu'elle soit claire, celle de la prononciation est qu'elle soit distincte, et elle ne peut l'être que dans les langues où, comme dans le latin, la consonne finale est sonore; ce qui produit naturellement l'*aparté* de chaque mot: *hæc via ducit ad virtutem; pedes habent et non ambulant.*

Comme l'*e* muet, la liaison de la consonne finale avec la voyelle initiale est encore une des particularités malheureuses de notre langue; elle y produit, par l'amalgame des mots, la confusion des idées et la dureté des sons. Est-ce que dans cette phrase: *il court après elle*, l'esprit saisit l'idée de *courir*; est-ce que l'oreille n'est pas déchirée par ce *t*, qu'on pourrait peut-être supporter au pluriel: *ils courent après elle*, quoique cela soit mauvais à nos yeux?

Nous avons démontré ailleurs que cette confusion s'étend aussi au genre comme au nombre (voir le *Bazar littéraire*).

Qu'on se pénètre donc bien que, pour une oreille délicate, la liaison inopportune et trop répétée du *s* est un zézaiement, et celle du *t* un coup de marteau; et prenons notre principe d'euphonie dans la nature: n'employer la liaison que pour éviter le *bâillement*. Les liaisons naturelles à notre langue se trouvent pour la plupart dans les déterminatifs et les auxiliaires, tels que l'article, l'adjectif, le pronom, la proposition, l'adverbe et la conjonction: *les* amis, le *doux* espoir, *ils* ont parlé, *dans* un mois, *bien* obligé, *soit* en or ou en argent. Mais ne dites jamais: l'espoir le plus doux

z est venu me rassurer ; ni : j'ai reçu un avis *z* impor-
tant, etc.

Quand on étudie la question du genre dans la langue
française, on voit bientôt que cette langue s'est établie sans
aucun principe déterminé ; aussi que de difficultés les étran-
gers et même les nationaux n'éprouvent-ils pas dans l'orthographe relative par rapport à l'imperfection du point de
départ !

En latin, où il y a trois genres que la désinence sonore
indique, bon*us*, *a*, *um*, l'oreille peut être un guide facile
s'il n'est pas tout à fait certain ; mais en français, quelle
ressource avons-nous ? L'usage et le dictionnaire. Mais tout
le monde n'est pas en contact avec des personnes instruites ;
et la plupart des gens, ignorant l'orthographe, ne peut
s'aider du dictionnaire.

On trouve dans chaque langue le tempérament et le caractère du peuple qui la parle ; dans la formation de la
langue anglaise, c'est la logique qui domine. Les Anglais,
plus froids, et par conséquent plus réfléchis, ont fait un
travail d'ensemble ; et si quelque chose est éminemment ra-
tionnel chez eux, c'est la manière dont ils ont entendu le
genre.

Dans cette langue, il y a trois genres : le *masculin*, pour
les noms d'êtres mâles ; le *féminin*, pour les noms d'êtres
femelles ; et les substantifs qui ne représentent pas des êtres
animés — qui ne devraient point avoir de genre, selon
MM. Noël et Chapsal — sont du genre neutre. Si rien n'est
plus facile à l'entendement que cette règle, rien n'est plus
favorable à la poésie, puisque la versification anglaise per-
met, par l'application du masculin et du féminin aux substantifs neutres, de leur donner le mouvement et la vie à
volonté.

Les réflexions qui précèdent mettront à même de recon-
naître qu'il y a deux grands principes dans les langues :
celui de *l'orthographe relative*, comme dans le latin ; et celui de *l'invariabilité*, comme dans l'anglais. Avec le substantif rendu invariable par la variabilité de l'article, des
modifications dans la prononciation et la réforme de son
barbare alphabet, la langue anglaise devient la plus facile

des langues ; tandis que le système bâtard de la nôtre, qui produit double emploi, nous condamne à des difficultés qu'on ne rencontre nulle part, et que le plus intelligent parmi les intelligents ne peut toujours vaincre. Combien donc il importe d'accepter les moyens raisonnables de les simplifier !

Comme patriote, nous voudrions coopérer à l'universalité de la langue nationale, et nous tremblons de voir la France devancée par l'Angleterre dans une semblable tentative, comme dans la question des chemins de fer ; d'autant plus que pour celle-ci la tâche est plus facile.

Parmi les immenses avantages de la réforme orthographique que signalait M. Marle, nous citerons les suivants : « La lumière remplace les ténèbres, l'ordre succède au chaos ; la langue écrite simplifiée, rendue facile à tous, deviendra l'apanage de tous. Les livres, peinture fidèle de la parole, en même temps qu'ils répandront des idées saines, *rectifieront aussi* la prononciation des deux tiers de la France, assujétie à une foule d'idiomes différents. » Ajoutons à cela que notre Algérie, devenue française par la langue, le deviendra par l'idée, par le cœur ; et qu'au précieux avantage d'être transporté en quelques heures, par la vapeur, au sein d'un pays étranger, se joindra celui d'y rencontrer des individus parlant notre langue, — d'après la facilité et la clarté qu'on aura introduites dans l'ensemble des *vrais* éléments qui la constituent.

NOUVEL ALPHABET.

Il y a dans le nouvel alphabet de la langue française, vingt voyelles et vingt consonnes.

Voyelles : a, é, è, i, o, u, ê, ô, — ā, ée, ē, ī, ō, ū, n, o, — ɐ, ɪ, o, n.

Consonnes : b, c, ꝁ, d, f, g, j, l, *l*, m, n, *n*, p, q, r, s, t, v, x, *x*.

En attendant que la fonte nous fournisse les caractères nécessités par notre réforme, nous nous servirons de ceux que, pour le moment, nous offre la typographie : l'œil des gens sérieux ne sera point blessé à l'aspect de quelques lettres retournées.

L'e muet n'est qu'un signe distinctif du genre et la marque du féminin. Nous le supprimons à la fin de tout substantif masculin.

L'y continue à s'employer pour deux i.

Le h, dit aspiré, n'est qu'un signe d'euphonie.

Toute consonne finale qui n'est pas signe d'analogie devient sonore.

Toute consonne est amenée à l'unité d'articulation devant toute voyelle ; par conséquent toute lettre d'accompagnement est supprimée.

L'accent dit *aigu* s'appelle accent *fermé;*

L'accent dit *grave,* accent *ouvert;*

L'accent *circonflexe,* désignant une impossibilité pour nous : l'élévation et l'abaissement de la voix sur une simple voyelle, est supprimé. Nous ne nous en servons que provisoirement, et sans y attacher aucune signification antérieure.

La quantité—longue seulement—est indiquée par le signe adopté dans la langue latine.

Toute double consonne qui ne se prononce pas doublement est réduite à une seule.

On apprendra la valeur des voyelles et des consonnes du nouvel alphabet par les mots typiques suivants, pris dans l'orthographe actuelle.

Voyelles brèves et douteuses.

Ortografe filosofiqe.		Orthographe vulgaire.
a	ami,		ami;
é	boté,		bonté;
	éguile,	ai	aiguille;
	orlojér,	er	horloger;
è	model (1),		modèle;

(1) Le principe adopté de la sonorité de la consonne finale exige que nous écrivions *orlojér,* parce que là *r* est signe d'analogie : *orlojère;* mais *l* étant sonore dans *model,* nous omettons l'accent.

	qapiten (2),	ai	capitaine;
i	pipe,		pipe;
o	qôpole,		coupole;
	odace,	au	audace;
u	tumult,		tumulte;
ê	êrêse,		heureuse;
ô	qôriér,		courrier.

Voyelles longues.

ā	pāte,		pâte;
ée	armée,		armée;
ē	tēte,		tête;
	çēse,	ai	chaise;
ī	jīt,		gîte;
ō	cōte,		côte;
	çōm,	au	chaume;
ū	vôs lūtes,		vous lûtes;
ṷ	jṷnér,		jeûner;
ǫ	vǫte,		voûte.

Voyelles nasales, toujours longues, **dites par d'Olivet** *voyelles modifiées.*

ṿ	ṿtériêr,	an	antérieur;
	ṿbacade,	am	ambassade;
	ṿpir,	em	empire;
	ṿqṿ,	en	encan;
ɪ	ɪtériêr,	in	intérieur;
	dêmɪ,	ain	demain;
	cɪ (3),	ein	sein;
	ɪprimêr,	im	imprimeur;
ǫ	qǫfǫdre,	on	confondre;

(2) Même principe et même raison que pour *model.*

(3) Nous écrivons ainsi le *sein,* partie du corps humain formant l'extérieur de la poitrine, et *cein* la partie où les femmes portent leur fruit, par rapport au verbe *ceindre,* qui fait nous *ceignons,* et non pas nous *cingnons. Ceinture* est la conséquence de cette observation.

| qopoctêr, | om composteur; |
| n̦ n̦, | un un (chiffre). |

Dans tous les cas où la voyelle nasale se joint à une voyelle, écrivez-la en deux lettres.

v̦ vile,	an Afriqe;
bo à mv̦jér,	bon v̦fv̦t;
so frair,	son ami;
n̦ çagrɪ extrēm,	lê malin ecprit (4);
va-t-o au bois,	on i va;
n̦ qomn̦ perconaj,	d'n̦ qomun aqord;
lê biɪ est admiré,	biin amusé;
d'n̦ riɪ il fait qelqe çōse,	je n'ai riin à faire.

Consonnes ou articulations.

Ortografe filosofiqe.		Orthographe vulgaire.	
b	bote,	b	botte;
c	Cécile,	c	Cécile;
	lêco,	ç	leçon;
	cerco,	ce	cerceau;
	ofv̦ce,	s	offense;
	mélace,	ss	mélasse;
	civ̦ce,	sc	science;
	nacio,	t	nation;
	coicant,	x	soixante;
c̦	çeval	ch	cheval;
d	dêvoir,	d	devoir;
f	furêre,	f	fureur;
	fosfor,	ph	phosphore;
g	gome,	g	gomme;
	lv̦ge,	gu	langue;
	cigue,	ü	cigüe;
j	jabot,	j	jabot;

(4) Généralement parlant, la liaison du substantif avec l'adjectif est mauvaise; il n'en est pas de même de celle de l'adjectif avec le substantif.

	pijo,	ge	pigeon;
l	lumière,	l	lumière;
l	évetal,	il	éventail;
m	main (5),	m	main;
n	mine,	n	mine;
n	manésie,	gn	magnésie;
p	pair,	p	père;
q	qadril,	qu	quadrille;
	qaserne,	c	caserne;
	qaoli,	k	kaolin;
	arquj,	ch	archange;
r	rèso,	r	raison;
s	poiso,	s	poison;
	asuré,	z	azuré;
	le disiem,	x	le dixième;
t	tiso,	t	tison;
	tésorisér,	th	thésauriser;
v	visio,	v	vision;
x	cex,	x	sexe;
	exepcio,	xc	exception;
	dixioner,	ct	dictionnaire;
x	exajéracio,	gz	exagération.

Analogies.

Ortografe filisofiqe.	Orthographe des cuisinières.
J'aime, amour,	J'ème;
pair, paternité,	père;
maire, maternel,	mère;
examin, examiner,	examen;
vain, vanité,	vin;
fame, famille,	femme;
prendre, nous prenons,	prandre;
habil, habillement,	habit;
etc., etc.	etc.

(5) Écrit ainsi par rapport à *maniér, manimv.*

Ortografe filosofiqe.	Orthographe vulgaire.
Plob-ér,	Plomb-er ;
çoq-ér,	choc-quer ;
acroç-ér,	accroc-her ;
vagabod-aj,	vagabond-age ;
fusi(l)-*lér*,	fusil-ler ;
parfum-êr,	parfum-eur ;
dédai*n*-er,	dédain-gner ;
qep-er,	camp-er ;
la more, môrir,	la mort, mourir ;
mort-e,	mort-e ;
lebric-é,	lambris-sé ;
exèc-if,	excès-sif ;
qraça-çér,	crachat-cher ;
prudet-e,	prudent-e ;
dôs-ce.	doux-ce.

Si nous écrivons nacio, bo, qomn, sans conserver le signe d'analogie, nacio*n*al, bo*n*e, qomu*n*e : — nacio*n*alité, qomu*n*oté ; c'est par la raison que le *n* employé en pareil cas est une règle générale.

Spécimen d'application du nouvel alphabet.

LÊ CERPVT É L'A LIME.

O qote q'n cerpvt, voisı d'un orlojér,
C'était pôr l'orlojér n mōvēs voisinaj,
Vtra de sa (1) bôtiqe, é, çerçant (2) à mejér,
N'i reqotra pôr tôt potaj
Q'une lime d'aciér q'il sê mit à rojér.
Cète lime lui dit, ce sê mètre v qolère :
Pōvr *ino*rvt ! Eh ! qê préteds-tu faire ?
Tu tê prends (3) à plu dur qê toi,

(1) Tous les possessifs conservent le s.
(2) Cette désinence, appartenant à l'orthographe relative, n'éprouve point de modification.
(3) *Prendre* fait nous *prenons*, il faut donc conserver l'e dans le son v.

Pètit cerpẹt à tēte fole;
Plutō qê d'ẹportér dê moi
Cêlmẹ lê qart d'une obole,
Tu tê roprais tôtes lès dẹts.
Jê nê qrains qê cèles du tẹp.
Cêci s'adrèce à vôs, ecprits du dernier ordr,
Qi n'étant bọs à riḷ, çerçez cur tôt à mordre;
Vôs vôs tôrmẹtez vainmẹ (4).
Qroyez-vôs qê vos dẹts ịpriment lêrs ôtrajs
Cur tẹ dê beōs ôvrajs ?
Ils cont pôr vôs d'érị, d'aciér, dê diamẹt.

LÊ JÊN ÉGLỌ.

O mọ pair, atẹdons ! Jê vois vênir l'oraj ;
Vtẹds mujir au loin lê sinistr aqilọ ;
Rêgarde cê cọbr nuaj̣,
Qom ṇ ḷịcêl épēs (5) il qôvre lê valọ.
Vôdrais-tu m'exposér dè mọ prêmiér voyaj ?
Ịci parlait ṇ jên églọ, ẹ qitant l'êle maternèle,
Pôr s'élẹcér ver la vọte éternèle.
Mon ẹfẹt, banis ton éfroi,
Lui répọd ocitō sọ pair ;
Qê pês-tu (6) rêdôtér? n'es-tu pa prè dê moi,
E n'ai-jê pa pôr toi tôt l'amôr dê ta maire?
Mēs il faut cubir son dectị :
Le tiḷ est d'abitér (7) au miliê dès tẹpētes,
Jê vês q'à lès braver, jên ẹqor tu t'aprētes,
Lès ciês cont ta patrie, aprends ẹ lê çemị :
Mê cuivre cẹs orgèl é m'obéir cẹ qrainte,

---

(4) La consonne est sonore aussi à la fin des syllabes, et si nous n'avons pas écrit *vinmẹ*, c'est par rapport à *vanité*.

(5) Nous écrivons *épēs* avec un s, quoique le féminin soit *épèce*, par la raison que la consonne finale de l'adjectif se lie généralement à la voyelle initiale du substantif; mais partout où la liaison est désagréable à l'oreille et pédantesque, substituez l'*hiatus*.

(6) La voyelle appartient ici au radical, que nous écrivons *pôv*, *pôvoir*. Nous substituons dans la désinence le s au x pour généraliser.

(7) Rien ne nous semble plus affecté que de prononcer *èr* au lieu d'*é* dans les cas semblables.

Désormē voila (8) to dêvoir.
Jê lê cais biu; mē cê ciel est ci noïr,
Pôrcuit l'églo; é pui cète qotrainte
M'anéptit; jê nê caurais bôjér.
Cuis-moi, mon fīl (9), afrote lê dangér !
Cê n'est q'ici q'on arive à la gloire !
Mē cê nuaj épēs? Nôs lê travercerons !
Mē la fôdre é l'éqlair? Nôs lès (10) mépriserons !
Lê bonêr est là-hōt, efet, tu pês m'e qroire.
Vois, déja le ciel est plu pur ;
Cet ôrage qi grodait cur ta tēte,
Lê voila cô tès piéts (11); ici plu dê tepēte !
Mè qi replacera notr abri dôs et cur,
Murmure (12) eqor l'églo? Va, ma répoce est prête :
A force dê motér nôs trôverons l'asur !

Nous prions de remarquer que beaucoup de lettres, qui se trouvent ici marquées d'accent, ne le seront plus dès que nous aurons les nouveaux caractères pour *eu*, *ou* brefs et douteux, et les voyelles nasales. A quoi sert aussi de faire sentir ces désinences muettes de l'orthographe relative : *es*, *ent?* A rendre la poésie pédantesque, à défigurer les sons, à nuire à la précision du sens, et à écorcher les oreilles.

Rien n'est plus barbare que cette règle généralement posée, et de plus généralement suivie : la consonne finale se joint à la voyelle initiale. Est-ce que dans les langues euphoniques et sonores à la fois que nous devons non copier, mais imiter, il existe quelque chose de semblable ?

Qu'ils tremblent tà leur tour dans leurs propres foyers !

révolte mon oreille et mon entendement; et

(8) Il faut omettre l'accent dans ces mots : *voila*, *déja*, où il est tout à fait inutile.

(9) On ne doit jamais prononcer mon *fisse*, ni mes *fisses*.

(10) On blâmera peut-être l'accent sur ce mot, et cependant il est très-utile; car combien en est-il qui prononcent lés? d'ailleurs l'e peut-il être marqué muet dans ce monosyllabe?

(11) Écrit ainsi par rapport à *piétiner*, *piéton*.

(12) Cet e muet facilite l'analyse grammaticale et fait distinguer le verbe du substantif : *murmur*.

me fait sentir par le son dominant, qui me charme, l'idée qui doit frapper mon esprit. Pourquoi donc rappeler l'école à tout bout de champ, quand, dans son style, le bon écrivain s'évertue à la déguiser?

Nous élevant contre les faux principes qui ont servi de base à notre versification, nous avons dit quelque part : « Le génie a ses écarts sans doute; mais partout où les poëtes ont été les continuateurs des trouvères, la poésie a été nationale, le goût s'est constitué et est resté souché sur le génie national. » On a fait application à notre langue d'une versification particulière à une autre langue; et de là le chaos!

Du temps de Ronsard, on supprimait l'*e* muet, qu'on remplaçait par une apostrophe; nous nous reportons vers ce temps, et si nous écrivons les *e* muets et les consonnes indiquant la marque du pluriel, du moins ne les prononcerons-nous que dans les cas où il serait impossible de faire autrement : l'*aparté* des mots, autant que possible, étant le vrai principe de toute prononciation euphonique analogique et logique. Nous devons faire remarquer que les deux fables qui précèdent sont un spécimen d'orthographe et non de versification comme nous l'entendons.

On dit d'un homme : Il a les qualités de ses défauts, et les défauts de ses qualités ; ceci peut s'appliquer à la langue française. Constatons d'abord que toute la supériorité de cette langue se trouve dans la prose, et que ce qui constitue l'élégance de sa phraséologie contribue puissamment à l'infériorité de sa versification, qui devient moins concise que dans les autres langues. Remarquons aussi que le débit de la prose s'affranchit de toutes ces lenteurs qu'exige la prononciation des vers, où l'on épelle pour ainsi dire : Pa ri si en, i na ni ti on, et où l'*e* muet, quand il ne s'élide pas, rend le vers traînant :

Le jour n'est pas plus pur que *le* fond *de* mon cœur;

Que la prose prononce :

Le jour n'est pas plus pur que l'fond d'mon cœur.

Que faut-il d'abord pour rendre de nos jours la tragédie supportable ? la rapidité du débit, la vivacité étant le caractère particulier de la nation.

Si M. d'Olivet, par son titre d'académicien, s'est imposé la réserve au sujet de l'*hiatus* dans les vers, ce qu'il en dit par rapport à la prose mérite d'être mis à profit par les partisans des liaisons illogiques et inopportunes. « La prose souffre les *hiatus*, pourvu qu'ils ne soient ni trop rudes ni trop fréquents. Ils contribuent même à donner au discours un certain air naturel ; et nous voyons, en effet, que la conversation des gens polis est pleine d'*hiatus* volontaires, qui sont tellement autorisés par l'usage que si l'on parlait autrement, cela serait d'un pédant ou d'un provincial. »

Puisque notre prose, où dominent l'*hiatus* et le retranchement de l'e muet, est si euphonique, si harmonieuse, pourquoi donc ne pas lui assimiler notre versification, surtout dans la comédie, qui, avant tout, exige le naturel ?

Les personnes qui désireront obtenir plus de développements sur la *nouvelle harmonie poétique* les trouveront dans les numéros 1 et 2 du *Bazar littéraire*.

La France comme nation, et les Français comme individus, retireront de la réforme orthographique des avantages immenses et des profits incalculables. En mettant au concours cette question, l'Académie française fera rejaillir sur elle autant d'honneur qu'il reviendra de gloire à quiconque l'aura résolue ! Chaque peuple a sa mission providentielle : celle de la France est de marcher à l'avant-garde du progrès. Qu'elle accomplisse sa réforme orthographique, et tous les peuples de l'Europe, qui lui doivent tant de perfectionnements, vont la suivre dans une voie qui supprimera les obstacles de l'intellect, comme la vapeur vient de supprimer les obstacles de la distance. L'aigle est notre emblème national : comme l'aigle, accoutumons donc nos yeux à supporter la lumière ; et, quelle que soit l'épaisseur des ténèbres, comme le jeune aiglon, « à force de monter nous trouverons l'azur ! »